AF267167

CONSIDÉRATIONS

SUR L'ÉTAT DES FINANCES

ET LES BESOINS EXTRAORDINAIRES

DU GOUVERNEMENT.

CONSIDÉRATIONS

SUR L'ÉTAT DES FINANCES

ET LES BESOINS EXTRAORDINAIRES

DU GOUVERNEMENT,

ADRESSÉES AU ROI;

PAR P.-P. LEMERCIER,

ANCIEN BANQUIER A PARIS.

PARIS,

C.-F. PATRIS, IMPRIMEUR-LIBRAIRE,

RUE DE LA COLOMBE, N° 4.

25 Novembre 1815.

CONSIDÉRATIONS

SUR L'ÉTAT DES FINANCES

ET LES BESOINS EXTRAORDINAIRES

DU GOUVERNEMENT.

AU ROI.

Si la situation des finances, en 1814, était réellement telle qu'elle fut présentée aux deux chambres le 22 juillet de cette même année, il serait donc à craindre que l'horrible catastrophe du 20 mars n'ait aggravé le mal au point d'en rendre, pour ainsi dire, aujourd'hui la profondeur incommensurable et la réparation presque impossible. Dans cette supposition désespérante, il semblerait qu'il faille courir la chance périlleuse de se précipiter dans les bras des *Traitants*, et de livrer à l'avidité insatiable de quelques ambitieux indiscrets les ressources les plus certaines de l'État, sous la foi trompeuse d'en obtenir des secours efficaces, qu'il n'est pas plus en leur pouvoir que dans leur intention de jamais réaliser..... Car tel est le sort assez habituel de tous les gouvernements embarrassés, que leur détresse temporaire devient l'objet des spéculations les plus déloyales dans leur principe et les plus désastreuses dans leur résultat.

Hâtons-nous, SIRE, de tempérer l'amertume de la douleur qu'une pensée de cette nature pourrait ou aurait pu déjà peut-être imprimer dans le cœur paternel de Votre Majesté, en offrant à ses regards quelques aperçus plus consolants.

Le mal est grand sans doute et très-grand : obligés d'assurer le payement de la dette arriérée, sans laisser le courant en souffrance, et d'acquitter les contributions exigées par les Puissances-Alliées, il serait à désirer que l'importance du double besoin extraordinaire qui nous presse fût bien déterminée, pour ne rien hasarder à cet égard.

Cependant il n'est pas inutile de s'en occuper sous le rapport général de ce qu'on sait exister plus ou moins approximativement, en même temps que nous essayerons d'examiner si la Providence n'a pas voulu, dans sa sagesse éternelle, dérober à la vue des dominateurs qui se sont succédé, d'autres sources naturelles et praticables de libération et de prospérité que celles qui ont été indiquées à Votre Majesté comme émanées du systême introduit dans l'administration des finances depuis vingt-cinq ans.

D'abord, selon le rapport du 22 juillet 1814, la dette publique rigoureusement exigible devait s'élever à 759 millions. Mais, d'après celui qui fut fait postérieurement et pendant la courte et funeste apparition de l'usurpateur, la même dette se trouvait de plus des trois cinquièmes inférieure à la première évaluation. Inutilement on essayerait de dire de quel côté provient l'erreur ou l'exagération, soit en plus soit en moins, sans avoir sous les yeux tous les éléments qui constituent la dette exigible.

Cependant le rapport du ministre de Votre Majesté peut fournir l'occasion d'une première remarque fort importante, lorsqu'il dit : « Quel- » que célérité qui soit donnée aux liquida- » tions, nous ne présumons pas qu'elles s'élè- » vent pendant le reste de l'année et dans le » cours de 1815, à toutes les créances qui y » seront présentées. »

Cette phrase présente un double sens : le ministre a-t-il prétendu annoncer que la liquidation n'aurait pas le temps de vérifier toutes les créances présentées dans l'intervalle qu'il détermine, ou bien qu'une partie de ces créances serait rejetée par la liquidation ? Selon cette dernière interprétation qu'il est assez naturel d'adopter, le ministre pressentait donc que la dette exigible était passible de réduction. Son évaluation n'était donc qu'approximative, puisque les liquidations à faire ne présentaient rien de fixe, et offraient au contraire la perspective d'une diminution plus ou moins considérable.

Mais il est une seconde remarque qui autorise à présumer que le dernier rapport, quelque opinion qu'on ait de son auteur, pourrait bien être plus près que le premier, de l'exactitude probable. Pour peu qu'on réfléchisse, en effet, au désordre et à la confusion qui ont régné dans toutes les dépenses de la guerre depuis 1812 jusqu'au commencement de 1814, il est impossible de se dissimuler que ces dépenses n'ayent souvent été fictives et en général excessivement abusives. L'épuisement total du trésor avait fait adopter, dans les derniers temps, le système dévastateur des réquisitions dont l'exercice arbitraire et frauduleux doit nécessairement avoir pour résultat un excédent immense de dépenses simulées sur la consommation effective, lorsqu'une vérification soigneuse en sera faite d'après les contrôles et par le rapprochement des opérations précipitées, des mouvements et de la destruction rapides des armées françaises. Le moindre commis de l'administration, bien convaincu de cette vérité, peut aisément découvrir les traces des plus grandes dilapidations, et préparer ainsi le moyen de n'acquitter que ce qui est dû légitimement.

La dette arriérée étant donc évidemment réductible, et pouvant, selon l'attente accoutumée de la plupart des créanciers, et le vœu même d'un assez bon nombre d'entr'eux, être remboursée au fur et à mesure des liquidations avec, peut-être en définitif, moins de 15 ou 20 millions de rentes sur l'État, on dut être fort étonné de voir proposer à la fois, pour atteindre le même but, une émission d'obligations du trésor, la vente de 300 mille hectares de bois domaniaux, et celle de tous les biens des communes. Un tel projet ne pouvait paraître, et ne parut en effet que l'avorton du système des assignats et de la vente des biens nationaux. A peine eut-on aussi livré à la circulation 36 millions d'obligations, qu'elles perdirent, de même que les mandats territoriaux, 20 pour 100, outre l'intérêt de 8 qu'elles portaient, et qu'il fallut en racheter les deux tiers environ pour en soutenir le cours. Prétendre que le crédit doive précéder la confiance, n'est-ce pas vouloir qu'un arbre produise son fruit avant la fleur ?

On remarque en outre avec peine, dans la dernière disposition de ce plan, une implication singulière dont le motif, quelque louable qu'il ait pu paraître à son auteur, échappera long-temps à une intelligence ordinaire, accoutumée à ne prendre que l'équité pour règle de ses conceptions : car, en dépouillant les communes de leurs biens pour en affecter le produit aux créanciers de l'État, on s'est proposé d'indemniser avec des rentes ces mêmes communes devenues créancières à leur tour. La raison semble véritablement s'égarer ici dans le raisonnement qu'on essaye de faire pour comprendre comment il a pu paraître juste ou convenable d'échanger, sans utilité ni profit pour l'État, la condition éventuelle des créanciers contre la condition fixe des communes. Pourquoi, s'est-on alors demandé, ne pas laisser plutôt chacun à sa place, les uns avec leurs droits et leurs titres, les autres en possession paisible de leurs propriétés ?

Mais, SIRE, l'intention étant l'excuse naturelle de l'erreur, laissons le souvenir des illusions et des méprises qu'on découvre dans le reste du plan présenté le 22 juillet, puisque d'ailleurs la théorie qui l'a tracé, a échoué devant l'expérience qui l'avait improuvé; et tâchons de faire parvenir, s'il se peut, au pied du trône quelques vérités beaucoup plus essentielles, et quelques principes surtout mieux appropriés à notre situation présente que ne pourraient l'être ceux qu'on voudrait peut-être encore puiser imprudemment dans des méthodes étrangères, sans consulter la différence des positions, des convenances, des affections et des habitudes que le temps a fortifiées.

En analysant fidèlement toute la science fiscale déployée en France depuis un quart de siècle et plus, on trouve, à quelques accidents près, que le système de finances s'est réduit au doublement indéfini des mêmes impôts, à des emprunts forcés, à l'aliénation de tous les domaines qu'on a cru pouvoir impunément envahir, et à l'accroissement illimité de la dette publique. Rien n'était plus commode, en effet, que de suivre sans efforts une route inclinée, dont la violence avait applani les aspérités, sans calculer si elle n'aboutissait pas au précipice que Pythagore signalait, de son temps, avec sa lettre (*v*) emblématique. Le philosophe de Samos pourrait bien, il est vrai, ne paraître aujourd'hui qu'un rêveur aux yeux d'un grand nombre de nos contemporains.

Cependant, SIRE, les changements intervenus durant cette longue et fatale période, dans toutes les conditions et dans toutes les fortunes, indiquaient assez visiblement la nécessité d'en introduire aussi dans le système qu'on suivait avec la plus discordante uniformité. Quand les eaux du torrent déplacent le lit du fleuve qui alimentait mon usine, ne m'empressé-je pas de la transporter sur les nouvelles rives qu'il vient de se former? Mais la moderne sagesse, qui avait placé sa nouvelle doctrine bien au-dessus de toutes les lumières humaines, ne parut pas disposée aux efforts d'attention, et peut-être aussi d'abnégation d'intérêt personnel qu'il eût fallu faire, pour se montrer raisonnable et juste dans le sens de la raison universelle, et selon les lois immuables de l'équilibre.

Au lieu de suivre les richesses imposables dans la nouvelle direction qu'elles prenaient chaque jour pour se dérober aux charges qui s'accumulaient sur tout ce qui était apparent et palpable, il a donc paru plus simple de continuer à surimposer de préférence les propriétaires proportionnellement aux nouveaux besoins qui intervenaient, parce que, se disait-on, toutes les richesses provenant de la terre, c'est sur le sol particulièrement qu'il faut asseoir l'impôt, sans nul égard pour la plus grande valeur que les produits bruts acquièrent, quand, après avoir subi toutes les manipulations de l'industrie, ils arrivent au consommateur.

C'est en se réglant sur ce faux système, que toutefois on n'ose pas avouer trop hautement, à cause des inconvénients graves qu'on sait y être attachés ; c'est en négligeant d'étendre l'impôt sur tous les revenus privés qui sont très-certainement aujourd'hui les plus productifs ; c'est en épargnant, pour tout dire en un mot, les fortunes qui se sont réfugiées dans les porte-feuilles, qu'on est parvenu à faire peser toute la charge d'un côté et à en exempter l'autre, de manière que le corps social pourrait se comparer, en ce moment, au paralytique réduit à ne faire usage que de la moitié de ses membres.

Mais heureusement, SIRE, ce mal moral n'est pas incurable comme celui dont la mort impatiente a déjà frappé sa victime. Les effets qu'ont produits les mesures provisoirement adoptées pour satisfaire à des besoins d'urgence, ne sont même, pour ainsi dire, que le complément anticipé de la démonstration que j'ambitionne de pouvoir rendre aussi sensible que l'éclat de la lumière. Des contributions extraordinaires et un emprunt forcé de 100 millions, voilà ce qui a été imaginé de plus prompt et de plus facile pour le moment présent ; c'est-à-dire qu'on n'a rien imaginé, mais qu'on a seulement suivi le même, et toujours le même système.

Nous croyons nous tromper en disant qu'on n'a rien inventé ; car pour réaliser l'emprunt de 100 millions dans la capitale, on y a employé l'expédient qu'on serait le plus tenté d'imputer à la malignité, si l'excessive indulgence ne consentait à lui prêter l'excuse de l'irréflexion. Un mode de percevoir insolite et brusque, une répartition confuse et arbitraire, voilà ce qui a été adopté pour l'emprunt forcé à Paris. Des traites ont été tirées à tout hasard, et selon des volontés ou des caprices qu'il faut s'interdire d'approfondir, sur les contribuables, uniformément alignés en premier ordre par une taxation extrême de francs 16,500, de façon qu'au moyen de cette étrange disposition, celui qui n'a que 30,000 fr. de rentes, par exemple, ou même celui qui ne possède plus qu'un nom illustre, devraient payer autant que celui qui jouit de 3 ou 600 mille francs de revenu et au-delà. N'était-il pas plus sage et plus équitable de prélever ce genre d'impôt par des centimes additionnels sur les rôles des contributions

déjà existans, au lieu de les exiger, sans au-
cune base certaine, directement des indivi-
dus qui ont été, la plûpart, forcés d'assaillir
les répartiteurs de leurs réclamations, ainsi
qu'on devait bien s'y attendre?

Quant à la réclamation du propriétaire, relative aux impôts extraordinaires en général,
elle a pour objet de les faire répartir sur ses
créanciers hypothécaires dans une juste proportion avec la part des revenus fixes qu'ils
prélèvent sur l'immeuble spécialement affecté
à la garantie de leurs droits. Il paraît assez
difficile, impossible même, que le législateur
n'ordonne pas incessamment cette répartition
ou partage égal de charges publiques, malgré
les stipulations des contrats qui pourraient
exempter le créancier de toute retenue sur
le payement de ses intérêts; 1° parce que,
de même que le législateur ne peut pas sanc-
tionner la lésion primitive qui émane de la
surprise ou de la violence, il ne peut pas da-
vantage protéger la lésion accidentelle que
des circonstances imprévues et de force ma-
jeure font peser aujourd'hui sur un très-
grand nombre de propriétaires. Nous pour-
rions en citer, et beaucoup, dont, depuis
deux ans, la portion libre de leurs immeu-

bles ne suffit plus pour acquitter la totalité des nouvelles charges qui leur sont nominativement imposées en leur qualité de détempteurs et de possesseurs apparents, tandis que leurs créanciers privilégiés n'ont cessé de toucher intégralement la portion de revenus qui leur est assurée ; 2° parce que le législateur ne peut ni violer ni méconnaître le principe de la justice administrative qui veut que tous les citoyens, sans exception, contribuent également, et en raison de la fortune qu'ils possèdent, à tous les besoins indispensables de l'Etat.

La nécessité d'être juste envers le propriétaire qui, déjà foulé par le poids des hypothèques, succombe aujourd'hui sous celui, très inégalement distribué, des charges publiques, cette nécessité impérieuse nous conduit d'elle-même à une autre considération beaucoup plus générale et de la plus haute importance pour le gouvernement français.

Nous avons fait observer précédemment que les revenus les plus productifs se trouvaient exempts de toutes charges. Comme les espèces en sont différentes, il ne faut pas les confondre.

Ces revenus se composent d'abord et principalement de créances hypothécaires dont la quantité est immense, quand on veut attentivement réfléchir que la moitié des immeubles et bien au-delà, se trouve aujourd'hui plus ou moins grevée, mais dans une proportion certaine qu'on peut évaluer, en masse, fort au-dessus du quart de la valeur vénale de toutes les propriétés foncières du royaume. Il est facile au surplus d'en connaître l'importance exacte, en se faisant délivrer par l'administration des domaines le relevé de toutes les inscriptions qui sont portées sur les registres des conservateurs ; à l'exception des hypothèques légales que l'imperfection du Code dispense de la formalité de l'inscription, mais que néanmoins il n'est pas tout-à-fait impossible d'atteindre, on aura le tableau de toutes les créances de cette nature qui subsistent et se renouvellent tous les jours.

En admettant (ce qu'on sait très-bien ne pas être) que toutes les stipulations écrites soient exactes et en harmonie avec la loi qui fixe l'intérêt de l'argent à 5 pour 100 ; il n'en demeurera pas moins très-constant que le rentier hypothécaire est incomparablement mieux traité que tout propriétaire d'immeuble quel-

conque , dont le revenu net est à peine de 3
pour 100 ; que, de plus, il profite paisiblement
et sans risque, au sein de l'oisiveté, des revenus les plus certains et les plus importants de
l'immeuble, objet des soins, des travaux et de
la sollicitude continuelle du propriétaire qui
l'exploite ou le fait exploiter. Cependant le
rentier hypothécaire ne participe pas plus que
le rentier de l'Etat aux charges publiques. Il
appartiendrait donc, ainsi que ce dernier, à
une classe privilégiée !

Si nous rapprochons pareillement sa condition de celle du négociant et du manufactu-
rier dont l'industrie, les travaux et les veilles,
sont dirigés sans cesse vers l'utilité, l'agrément
et les besoins de la société, nous voyons encore
qu'il jouit sur eux d'une préférence de tout
point fort remarquable, particulièrement dans
la confection des titres représentatifs de ses
capitaux, les droits et les priviléges que ces
titres lui transmettent :

L'effet de commerce, assujéti d'abord à un
droit de timbre gradué sur sa valeur, n'a souvent d'autre gage que la bonne-foi fugitive, et
ne donne la faculté de contraindre le débiteur
au payement, qu'après l'acquit d'un nouveau
droit, celui d'enregistrement (droit unique

imposé à l'obligation notariée) et la décision plus ou moins lente des tribunaux.

L'obligation hypothécaire repose au contraire sur un gage certain et saisissable ; elle est exécutoire de sa nature et sans l'intervention de l'autorité judiciaire ; cependant elle jouit, sur l'effet de commerce, de l'important avantage de ne payer aucun droit proportionnel de timbre, de même qu'elle a sur la propriété celui plus essentiel encore d'être exempte de dépréciation et d'accidents de toute nature.

Ces considérations, Sire, qu'il nous serait aisé, mais que nous nous abstenons d'étendre, parce que nous savons que Votre Majesté n'a besoin que d'indications, et non d'autres lumières que de celles de sa propre sagesse, ces considérations substantielles lui paraîtront, selon nous, assez déterminantes pour imposer aujourd'hui, comme on le pouvait depuis long-temps, sur toutes les obligations et titres hypothécaires quelconques, un droit proportionnel et basé tant sur celui du timbre que supporte l'effet de commerce, que sur les autres avantages qui sont attachés à ces sortes de valeurs sur tous les revenus fonciers dont ils sont, par leur nature et leurs prérogatives, plutôt la réalité que la fiction.

Nous ne nous permettrons pas de faire au-
cune estimation, même approximative, des
rentrées que peut procurer cette nouvelle direction de l'impôt foncier ; mais nous osons
affirmer que ces rentrées, qui formeront véritablement de nouveaux revenus, seront infiniment plus promptes et plus faciles à obtenir ;
qu'elles seront plus certaines, et, si l'on veut,
plus considérables, quoique en les modérant,
que celles qu'on attend soit de tout emprunt
qui n'est en lui-même, libre ou forcé, qu'une
augmentation de la dette, soit de toutes autres
mesures semblables et violentes qu'il serait
bien à désirer de voir abroger et reléguer à
jamais vers les temps calamiteux qui leur ont
donné naissance.

Les rentiers de l'Etat sont loin sans doute
d'offrir une surface aussi vaste que celle de la
classe dont nous venons de parler, ni une
source aussi féconde, ni peut-être même,
quant à présent, des motifs aussi multipliés d'y
puiser. Il peut paraître jusqu'à certain point
convenable que leurs titres ou inscriptions
continuent de leur être délivrés sans frais,
puisqu'on pourrait encore être imbu de la pré-
vention que cette libéralité doit influer sur le
crédit qu'on fait, très-mal à propos selon nous,

2

consister principalement dans le cours plus ou moins élevé des effets publics que la rente consolidée compose en grande partie. Mais nous sommes loin de penser qu'il soit également juste de les exempter perpétuellement de toute portion contributoire dans l'impôt, et de faire toujours peser sur le propriétaire un surcroît de charges destiné au payement exact et régulier de leurs revenus, et, par la suite, à l'amortissement de leurs capitaux, quand le moment viendra de réaliser ce projet. Il paraît temps qu'on cesse enfin de considérer, à bon droit, les rentiers en général, de l'État et autres, ainsi que nous l'avons exprimé quelque part (Observations du 10 août 1814, sur le rapport du ministre des finances, imprimées à Paris chez Poulet), comme ces plantes parasites qui croissent sur la cime des arbres, en expriment les sucs nourriciers, et en interceptent le développement.

A des époques infiniment moins pénibles et moins difficiles, la rente constituée par l'État fut soumise à la retenue de deux vingtièmes et de 4 sous pour livre sur le premier vingtième, en tout 11 pour cent; et cependant nous ne nous rappelons pas que son cours

soit alors tombé à 5o, ni même à 6o pour cent,
prix, à-peu-près moyen, auquel la très-
grande partie des rentiers actuels ont acheté
leurs inscriptions. Cette considération, nous
le sentons fort bien, ne doit pas tourner au
profit du gouvernement, en ce sens qu'elle ne
peut devenir l'occasion de rétablir sur la
rente l'impôt qui subsistait aux temps plus
prospères dont nous venons de parler; parce
qu'il se pourrait qu'un petit nombre d'anciens
titulaires qui ont acquis bien avant la réduction de la rente au tiers, et qui possèdent
encore par eux-mêmes ou par leurs héritiers,
fussent ainsi beaucoup trop lésés, ce qui ne
serait pas conforme aux principes et à la volonté d'un gouvernement qui veut être juste.

En bornant à un seul vingtième l'impôt à
rétablir sur les rentes de l'État, il nous semble
que ce serait éviter les deux excès contraires,
la surcharge et l'exemption absolue. Cette
mesure effacerait toute idée fatigante de privilége et d'acception entre les citoyens, de
déviation dans les principes et l'exercice de
la justice administrative selon laquelle ils doivent être indistinctement gouvernés.

On objectera peut-être que quelques 5 ou
6 millions, plus ou moins, ne paraissent pas

d'un secours assez capital pour altérer l'entière et paisible jouissance à laquelle le rentier de l'État est depuis long-temps accoutumé. Nous répondrons d'abord que la modicité de l'impôt n'est pas une raison suffisante pour violer le principe qui en réclame la répartition la plus égale et toujours relative entre les sujets de Votre Majesté. Nous ajouterons que du maintien de ce principe dérive une autre considération extrêmement importante, et beaucoup plus qu'on ne le suppose, pour l'État, sous le rapport d'une nouvelle et prompte ressource qu'il y trouvera sans beaucoup d'efforts, en se plaçant à-la-fois sur la voie qu'on peut suivre pour atteindre insensiblement une portion de ces fortunes dont nous avons parlé, comme se dérobant dans les portefeuilles.

Il devient indispensable, avant tout, de faire une distinction fort essentielle entre le rentier proprement dit et celui qui spécule habituellement sur la rente ou autres effets publics, c'est-à-dire entre le particulier qui achète pour conserver, se former des revenus fixes, une sorte de patrimoine en un mot ; et les capitalistes qui vendent, achètent et revendent tour-à-tour dans l'espoir de la baisse ou

de la hausse du cours des effets qui se négo-
cient journellement à la bourse.

Le premier sera peu foulé par le payement
du faible droit dont nous allons parler ; le
spéculateur le considérera comme impercep-
tible dans l'ensemble de ses opérations , et
l'acquittera de la manière qu'il acquitte le cour-
tage de ses marchés. C'est assez dire que ce
droit doit être très-modéré ; et la raison en
est qu'il se renouvellera et se percevra tous
les jours.

En considérant que tous les contrats, obligations , transactions , engagements et titres
de transmission quelconques sont assujétis à
un droit fiscal plus ou moins fort , à compter
de celui du timbre jusqu'à celui de vente im-
mobilière et mobilière qui n'épargne pas même
la classe la plus infortunée , nous ne pouvons
concevoir pourquoi les achats et ventes d'effets publics qui se font à la bourse seraient à jamais exempts de toute espèce de droit bursal.
Se pourrait-il qu'un tel privilége ne fût ac-
cordé que pour protéger , encourager , provo-
quer même des opérations qui n'ont certes pas
la prospérité publique pour objet , et dont il
arrive en plus d'une occasion , que le succès

n'est assuré que par des combinaisons qui ne sont pas toujours très-morales en elles-mêmes ? Il nous semble que si quelque privilége de cette nature (qui ne serait qu'un vrai sacrifice) pouvait être consenti par l'État , ce serait plutôt aux capitaux employés à féconder l'industrie qu'il faudrait l'appliquer , qu'aux capitaux absorbés par l'agiotage de la bourse.

Si toutes ces réflexions , ainsi que nous en sommes très-intimément convaincus , ne contiennent rien qui ne soit conforme aux principes de la justice et de la véritable économie publique , on ne peut donc pas raisonnablement , Sire , trouver étrange que les considérations qui les ont fait naître , fortifiées en outre de toutes celles qui naissent également des besoins urgents de l'État , deviennent l'occasion nécessaire de soumettre tous les achats et toutes les ventes des effets publics , quelqu'ils soient , à un droit de mutation et de négociation indistincte dont on peut confier la perception immédiate et sans frais aux agents-de-change , et sous leur responsabilité. Le moyen infaillible de prévenir toute fraude à cet égard sera très-facile à prescrire , dès que le principe aura été adopté.

A l'exemple des écrivains systématiques, dont nous n'avons nulle envie d'augmenter le nombre ni d'imiter l'exemple, ce serait peut-être ici le lieu de présenter à Votre Majesté un tableau approximatif de l'importance des rentrées qu'on peut espérer d'obtenir du droit à la négociation des effets publics. Mais nous croyons devoir nous en abstenir, ainsi que nous l'avons fait précédemment, moins encore parce que ce travail ne pourrait être qu'hypotétique, que parce qu'il nous est démontré que les tableaux en chiffres ne servent que trop merveilleusement à prouver...... le mensonge.

Jusqu'à présent la faible retenue que nous proposons de faire aux rentiers de l'État, ainsi que le droit très-modéré à établir sur les négociations des effets publics, peuvent ne laisser entrevoir qu'un moyen (qui ne ressemble pas, à la vérité tout-à-fait, au plan de *Sinkig-Fund* imaginé par le docteur Price, et adopté par M. Pitt), pour arriver avec le temps, et quand il en sera temps, à l'amortissement de la dette consolidée. Cependant nous avons annoncé, et nous devons dire comment nous concevons que ce droit insensible, mais tous les jours perceptible, peut offrir une ressource prompte, et trop importante, ajoutons-nous, pour être dédaignée ou seulement négligée.

En effet, SIRE, après y avoir mûrement réfléchi, nous ne voyons nul obstacle et nul inconvénient à ce que la perception de ce nouvel impôt sur les effets publics soit concédé temporairement sous la condition 1° d'en compter de clerc-à-maître ; 2° d'une avance de fonds, ou d'un crédit équivalent dont nous continuerons toujours de nous abstenir d'indiquer la fixation, quoiqu'il soit très-aisé de la déterminer.

La concession d'une part, et l'avance de l'autre, seraient la base d'un grand privilége, qu'il n'appartient qu'a Votre Majesté de maintenir, s'il subsiste déjà tel, par exemple, que celui dont jouit en ce moment la banque de France, et qui doit toucher à son expiration ; ou de conférer à tout autre établissement de même nature (qui ne manquera jamais de concurrents), si la banque actuelle, devenue plus libre de ses opérations sous un gouvernement paternel, qu'elle ne l'était sous celui qui l'institua, se prévalait de sa situation présente, en façon quelconque, pour refuser d'accorder à la loyauté d'un gouvernement légitime et durable ce qu'elle n'osait naguère refuser à la contrainte d'un gouvernement usurpateur et précaire.

Nous n'avons pas oublié, SIRE, l'objection banale qui ne manquera pas d'être faite contre le droit de vente et d'achat des effets publics, objection toujours fondée sur ce que cet impôt ne pourra qu'en détériorer le cours; et on appèlera cette baisse présumée un discrédit véritable.

(Il serait très-aisé de répondre d'un seul mot à toutes ces déclamations déjà prévues, et qui seront beaucoup plus vaines encore, quand elles se feront entendre, qu'elles ne pourront paraître menaçantes.

Ce mot est fort simple : de quel autre crédit peut-il être ici question que de celui du gouvernement? Sur quelle autre base peut-il donc reposer que sur celle de la confiance, et la confiance elle - même sur l'exactitude des payements ? D'après cela, que peut-il importer si sérieusement que le cours des effets hausse ou baisse de quelques centimes, ou même de toute la valeur du droit qui ne se composera guère en lui-même probablement, s'il a lieu, que de quelques centimes ?

Mais ce qui importe le plus réellement, dans la thèse générale, c'est que le cours des effets publics ne puisse jamais éprouver une dépréciation trop grande, non toutefois par le motif trop vaguement exprimé dans le rapport du 22 juillet 1814, mais par un motif plus sérieux que nous trouvons là où l'on ne pense peut-être pas à le chercher, quoique l'expérience, qui le fournit, doive nous être commune avec beaucoup d'autres qui ont parcouru la même carrière.

Lorsqu'en effet, SIRE, les fonds publics se maintiennent quelques instants à un cours très-bas, et que la confiance peut, en même temps, s'appuyer sur l'exactitude des payemens du gouvernement et sa tendance fortement prononcée vers l'affermissement, les étrangers, chez qui communément l'intérêt de l'argent est plus bas qu'en France, ne manquent pas de saisir cette occasion pour faire acheter nos effets, et assez ordinairement pour des sommes très-considérables, ainsi que nous l'avons plus d'une fois pratiqué nous-mêmes pour leur compte. Bien des gens alors regardent l'arrivée des capitaux de nos voisins comme un avantage réel. Que ceux-là se repaissent donc de leur illusion.

Quant à nous, en considérant le résultat prochain de l'accroissement momentané du numéraire qui nous arrive du dehors par cette voie, nous ne pouvons nous soustraire au regret d'apercevoir que tous ces capitaux devant refluer vers leur source en très-peu d'années, par le payement des intérêts énormes qui leur sont acquis, nous nous constituons, de cette manière et au titre le plus onéreux, débiteurs perpétuels des autres peuples à qui nous pouvons avoir ainsi dix capitaux pour un, et peut-être plus, à restituer dans l'intervalle d'un siècle. Combien ce désavantage, ajouté à celui de la balance du commerce devenu notre partage depuis si long-temps, ne pourrait-il pas contribuer à ruiner la France ?

Voilà, SIRE, à n'en pas douter, la première, la plus puissante des considérations qui doivent fixer l'attention et guider les soins de l'homme d'état vers le maintien du prix le plus élevé dont il importe de faire jouir nos effets publics.

Mais ce n'est nullement avec les moyens vulgairement usités, avec toutes les ruses pratiquées à la bourse, comme à la guerre, pour se surprendre et se tromper mutuellement ; ce n'est pas avec des demandes feintes ou des achats précipités, qu'on sait devoir être suivis de ventes très-prochaines ; ce n'est pas, en un mot, avec tout le tripotage habituel des agioteurs qu'on élève d'une manière durable le cours des effets au taux le plus favorable à l'intérêt national, considéré dans nos rapports de rivalité avec les intérêts des autres nations. L'homme d'état doit voir de plus haut et maîtriser, en quelque sorte, le crédit, en dirigeant habilement la confiance par des moyens plus efficaces et plus certains, que lui fournit infailliblement un état de choses plus paisible, à la vérité, et plus prospère, nous en convenons, que celui où nous nous trouvons actuellement. Aussi nous interdirons-nous d'émettre toute notre pensée à ce sujet, non seulement parce qu'elle serait aujourd'hui sans objet et sans utilité, mais encore parce qu'elle ne pourrait paraître, aux yeux de Votre Majesté, qu'une indiscrétion présomptueuse, une faute inexcusable.......

Ne pouvant connaître encore si le système actuel sera maintenu ou modifié, nous croyons superflu de continuer l'énumération prématurée de toutes les fortunes semi-mobilières et autres sur lesquelles il paraît juste enfin et salutaire, aujourd'hui plus que jamais, de faire porter l'impôt. Le principe d'égale répartition et de division relative entre toutes les parties du corps social peut être considéré comme un moyen de vivification qui lui est aussi nécessaire que la circulation des fluides dans toutes les parties des corps animés l'est elle-même à leur conservation.

Les rangs, les distinctions, les prérogatives, les priviléges honorifiques, l'investiture des dignités (qu'il ne faut pas confondre avec la récompense accordée au mérite et aux services rendus), les attributions, les préjugés enfin peuvent bien encore devenir aisément autant d'occasions de lever des tributs qu'il dépend de Votre Majesté d'étendre ou de restreindre selon sa volonté royale et paternelle. Car qu'essayerait - on de rétablir, en ce genre, de ce qui a pu exister autrefois, lorsque nos goûts, nos habitudes et nos mœurs n'avaient pas éprouvé la violente secousse qui les a comme déplacées, si l'on peut ainsi s'exprimer? Des charges, des offices? Il est fort douteux qu'on trouve des acquéreurs. Des maîtrises et des jurandes? Elles pourraient avoir pour résultat

la fraude et la résistance, prélude ordinaire
du plus grand désordre. D'ailleurs, le prix
des offices et des charges seraient une dette
de plus, à cause des intérêts qu'il faudrait
payer aux titulaires. Or l'Etat a plus besoin
d'acquérir des revenus que de contracter de
nouveaux engagemens.

Ce n'est pas au hasard et sans y avoir mûrement réfléchi que nous osons présenter à
Votre Majesté ce dernier aperçu. Il doit s'en
trouver d'autres encore qui peuvent concou-
rir aisément, par leur adoption successive, à
former l'ensemble de nouvelles et importantes
ressources que la plus rigoureuse équité ne
saurait interdire.

SIRE, pardonnez-nous l'élan de la fran-
chise la plus respectueuse, et daignez nous
permettre de vous dire avec l'accens de
l'amour le plus religieux : Veuillez, SIRE,
veuillez faire usage de tous les moyens de
libération et de salut dont la Providence a
voulu que Votre Majesté restât environnée,
et la Providence secondera puissamment la
volonté de notre monarque bien-aimé ; elle
exaucera ses vœux de tous les instants pour
le bonheur de ses peuples, sans qu'il soit
jamais besoin de recourir à ces moyens ex-

trêmes de traités monstrueux qui, par le premier et le plus funeste des abandons, pré-
parent toujours impérieusement d'autres con-
cessions plus funestes encore, et laissent
entrevoir à l'œil exercé tous les fléaux de
destruction et de ruine inévitables que
traînent à leur suite le monopole prémédité
et l'envahissement insidieusement déguisé de
la fortune publique.

Alors, Sire, et bientôt, la confiance, éveil-
lée par le juste espoir que commande une
détermination grande et loyale, et pénétrant
jusques dans les dernières classes, ouvrira aussi
quelques canaux inexistants de prospérité publique et privée. Tous ces petits capitaux,
fruit d'une économie persévérante, qui vont
journellement se précipiter dans le gouffre que
l'appât de l'usure couvre et dérobe aux pre-
miers regards de la cupidité, ils se dirigeront
d'eux - mêmes, par une pente naturelle et
douce, vers un emploi plus général et plus
certain, sans qu'aucun genre d'abus puisse en
troubler l'harmonie ni profaner l'institution.

Alors aussi nous essayerons d'indiquer par
quelle combinaison nouvelle et fort simple
d'intérêts divers, il est possible de confondre

et d'unir les ressources de la richesse territoriale avec celles de l'industrie, et d'ajouter encore à la prospérité commune par cette heureuse alliance qui doit cesser d'être problématique, ainsi que nous l'avons annoncé déjà dans l'écrit rappelé précédemment. Loin de nous toutefois et dès-à-présent le trop fâcheux soupçon que nous puissions jamais avoir la pensée de reproduire, sous quelque forme que ce soit, aucun de ces dangereux systêmes de mobilisation ou d'aliénation continuelles d'immeubles que l'avidité du fisc aurait voulu pouvoir encourager sous le règne éphémère de l'usurpation, mais que sous un gouvernement légitime et durable il convient d'écarter le plus qu'il est possible, comme tendant à altérer l'amour de la patrie, en étouffant celui de la propriété....

FIN.